Ysbryd Plᵕ

GW00360297

Eleri Llewelyn Morris

Arlunwaith gan John Shackell

1

01527

Cyhoeddwyd gan
Y Ganolfan Astudiaethau Addysg
Prifysgol Cymru Aberystwyth
Yr Hen Goleg
Aberystwyth

ISBN: **1 85644 505 4**
         1 85644 526 7 (set)

Ymgynghorwyr: Gwen Evans, Elwyn Owen

Diolch i Gwyn Griffiths, Eirlys Gruffydd a Nia Wood am eu harweiniad gwerthfawr.

Golygwyd gan Helen Emanuel Davies

Dyluniwyd gan Richard Huw Pritchard

Argraffwyd gan Wasg Gomer

<u>Mr Huws</u>
Roedd hi'n wythnos hanner tymor.
Roedd wythnos o wyliau gan Liam, Mali, Alan a Lois.
Doedd dim ysgol.
Ond roedd Mr Huws wedi rhoi gwaith i'r plant.

Meddai Mr Huws, "Rydw i eisiau stori am ysbryd
yn yr ardal. Rydw i eisiau i chi chwilio am stori ysbryd.
Rydw i eisiau i chi ddarllen am yr ysbryd.
Rydw i eisiau i chi holi pobl am yr ysbryd.
Yna rydw i eisiau i chi sgrifennu am yr ysbryd.
Dewch â'ch stori ysbryd i'r ysgol ar ôl hanner tymor."

Meddwl am stori ysbryd

Ar fore cyntaf y gwyliau, aeth Liam i Gaffi'r Bont.
Roedd aelodau eraill grŵp Cwt Ci yn y caffi: Mali, Alan
a Lois. Roedden nhw'n siarad â'i gilydd.
"Haia, Cwt Ci!" meddai Liam.

Edrychodd Alan ar Liam.
"Haia, Liam!" meddai Alan. "Rydyn ni'n meddwl
am stori ysbryd i Mr Huws. Wyt ti'n gwybod
am stori ysbryd?"

"Ydw," meddai Liam. "Beth am ysbryd Plas Parc?"
Roedd pobl yr ardal yn gwybod am ysbryd Plas Parc.
Roedd pobl yr ardal yn dweud bod yr ysbryd yn crwydro
yn y coed wrth y plas.

4

Ysbryd Cyrnol Jac Wyn

Roedd pobl yn dweud bod ysbryd Plas Parc
yn hen iawn, iawn. Ysbryd Cyrnol Jac Wyn oedd o.

Roedd Cyrnol Jac Wyn yn byw yn y plas
amser maith yn ôl. Roedd o wedi ymladd
dros y brenin. Collodd ei fraich mewn brwydr.
Cafodd ei ladd mewn brwydr arall yn y coed
wrth y plas. Ers hynny, roedd ei ysbryd
wedi bod yn crwydro yn y coed, medden nhw.
Ysbryd mewn dillad hen ffasiwn, â het fawr
ar ei ben, a dim ond un fraich.

Mynd i Blas Parc

"Syniad da, Liam!" meddai Mali. "Beth am fynd
i Blas Parc i holi Syr John Wyn? Mae pobl yr ardal
yn dweud bod yr ysbryd yn hen, hen, hen, hen, hen,
hen daid iddo fo!"
"Syniad da," meddai pawb.

Ar ôl cinio, aeth y pedwar ffrind i Blas Parc.
Roedd y plas tua dwy filltir o'r pentre.
Roedd rhaid iddyn nhw gerdded trwy'r coed.
Roedd ffordd yn mynd trwy'r coed.
Roedd y ffordd yn dywyll iawn.
Roedd pawb yn teimlo'n ofnus.

<u>"Ewch i ffwrdd!"</u>
O'r diwedd, dyma nhw'n gweld Plas Parc
trwy'r coed. Roedd Plas Parc yn fawr ac yn hardd.

Aeth y pedwar at y drws. Canodd Alan y gloch.
Daeth dyn tal, tenau i'r drws.
"Ie?" meddai'r dyn.

Roedd pawb yn dawel. O'r diwedd meddai Alan,
"Helô! Ydy Syr John Wyn i mewn? Rydyn ni eisiau
siarad â Syr John Wyn. Rydyn ni eisiau holi
Syr John Wyn am ysbryd Plas Parc."

"Beth?" meddai'r dyn tal, tenau. "Rydych chi
eisiau siarad â Syr John Wyn? Rydych chi eisiau
siarad â Syr John Wyn am ysbryd?
Mae Syr John Wyn yn ddyn prysur. Ewch i ffwrdd!"

7

Ofn!
Caeodd y drws.

Edrychodd Liam, Mali, Alan a Lois ar ei gilydd.
Roedden nhw'n teimlo'n ddiflas. Roedd rhaid
iddyn nhw fynd adre. Roedd rhaid iddyn nhw fynd adre
heb holi Syr John Wyn am ysbryd Plas Parc.

Roedd rhaid iddyn nhw fynd yn ôl trwy'r coed.
Roedd hi'n dywyll. Roedd pawb yn teimlo'n ofnus.
Yn sydyn, gwelodd Liam rywbeth.
"AAAAA!" sgrechiodd Liam. "Edrychwch! Yn y coed!"

Edrychodd y lleill. Yno, yn pwyso yn erbyn coeden,
roedd dyn. Dyn mewn dillad hen ffasiwn.
Roedd ganddo het fawr ar ei ben, a dim ond un fraich!
Roedd y dyn yn wyn iawn, iawn. Yn wyn fel eira.

"AAAAA!" sgrechiodd Mali, Alan a Lois.

Mynd adre

Rhedodd pawb trwy'r coed nerth eu traed.
Rhedodd pawb nes cyrraedd y ffordd fawr.

"Rydyn ni wedi gweld ysbryd!" meddai Liam.
Roedd o wedi colli ei wynt.
"Roedd o'n ofnadwy," meddai Lois.
"Roedd o'n wyn iawn, iawn!" meddai Alan.
"Roedd o'r wyn fel eira!" meddai Mali.

Roedd pawb yn crynu. Roedden nhw'n crynu
fel dail. Roedd pawb eisiau mynd adre
ac i ffwrdd o Blas Parc.

9

Yn y caffi eto

Y bore wedyn, aeth Liam i Gaffi'r Bont. Roedd Mali,
Alan a Lois yno. Roedden nhw'n siarad â'i gilydd.

"Haia, Cwt Ci!" meddai Liam.
Edrychodd Alan ar Liam. "Haia, Liam!" meddai.
"Rydyn ni'n siarad am yr ysbryd."

Aeth Liam i eistedd at ei ffrindiau.
Roedd rhywun wedi gadael papur newydd
ar y bwrdd nesaf. Roedd pawb yn siarad
am yr ysbryd. Ond yna aeth Mali'n dawel.
Roedd hi'n darllen y papur newydd.
Roedd hi'n edrych yn od ar y papur newydd.

Delw ar goll

"Hei, Cwt Ci!" meddai Mali. "Edrychwch ar hyn!"
Dangosodd Mali y papur newydd i'r lleill.

Ar dudalen flaen y papur newydd, roedd llun
o Syr John Wyn. Darllenodd pawb y stori
yn y papur newydd.

Roedd Syr John Wyn eisiau delw o'i hen, hen, hen,
hen, hen, hen daid, Cyrnol Jac Wyn. Roedd o
wedi gofyn i rywun wneud delw o farmor gwyn.
Roedd y ddelw'n dod i Blas Parc mewn lorri.
Ond pan ddaeth y lorri i'r plas, roedd hi'n wag.
Doedd dim delw yn y lorri! Roedd delw
Cyrnol Jac Wyn ar goll!

11

<u>Syrthio allan o'r lorri</u>
Darllenodd pawb y stori.

"Roedd y ddelw yn y lorri," meddai'r gyrrwr.
"Roeddwn i wedi rhoi'r ddelw yn y lorri. Ond ar ôl
i mi gyrraedd Plas Parc, gwelais fod drws y lorri
wedi agor."

Rhaid bod y ddelw wedi syrthio allan o'r lorri.
Ond ble roedd hi? Roedd y lorri wedi teithio'n bell.
Ble roedd y ddelw wedi syrthio allan?
Gallai fod wedi syrthio allan yn unrhyw le!

Edrychodd Liam ar Mali. Edrychodd Mali ar Lois.
Edrychodd Lois ar Alan.

Dim ofn?

"Rhaid i ni fynd yn ôl i Blas Parc," meddai Liam.
"Beth?" meddai Alan. "Mynd yn ôl i Blas Parc?"
"Ie," meddai Liam. "Pam? Oes arnat ti ofn?"
"Ofn? Fi? N–n–n–nac oes," meddai Alan.
"D–d–d–does dim ofn o gwbl arna i."

"Mali?" meddai Liam. "Oes arnat ti ofn?"
"N–n–n–nac oes, dim o gwbl," meddai Mali.
"Lois?" meddai Liam. "Oes arnat ti ofn?"
"N–n–n–nac oes," meddai Lois. "D–d–d–does dim ofn
arna i!"

"Iawn," meddai Liam. "Rhaid i ni fynd yn ôl i Blas Parc
ar ôl cinio."
"I–i–i–iawn," meddai Alan, Mali a Lois.

Mynd yn ôl

Ar ôl cinio, aeth pawb yn ôl i Blas Parc. Roedd rhaid
iddyn nhw gerdded trwy'r coed. Roedd pawb
yn teimlo'n ofnus. Cyn hir, dyma nhw'n cyrraedd
y goeden lle roedd yr ysbryd.

"O! Dacw fo!" meddai Lois. Gafaelodd Lois yn Mali.
Gafaelodd Mali yn Alan. Gafaelodd Alan yn Liam.
Aeth y pedwar at y dyn gwyn, gwyn.
"Edrychwch," meddai Liam. "Nid ysbryd ydy o.
Delw sy yma. Delw o farmor gwyn! Delw
o'r Cyrnol Jac Wyn!"

Newyddion pwysig

"Mae'n rhaid i ni ddweud wrth Syr John Wyn!"
meddai Mali.

Aeth y pedwar i'r plas. Canodd Lois y gloch.
Daeth y dyn tal, tenau i'r drws.
"Ie?" meddai.
"Helô," meddai Lois. "Ydy Syr John Wyn i mewn?
Rydyn ni eisiau siarad â Syr John Wyn."
"Beth?" meddai'r dyn tal, tenau. "Mae Syr John Wyn
yn ddyn prysur."
"Ond mae gennym ni newyddion pwysig i Syr John
Wyn!" meddai Liam.
"Mae'n *rhaid* i ni siarad â Syr John," meddai Mali.
"Mae Syr John Wyn yn ddyn prysur iawn,"
meddai'r dyn. "Dydy o ddim eisiau siarad â phlant
fel chi. Ewch i ffwrdd ar unwaith!"

Syr John Wyn

Daeth dyn arall at y drws. Syr John Wyn oedd o.
"Pwy sy yna?" meddai Syr John Wyn.
"Plant, Syr John," meddai'r dyn tal, tenau.
"Maen nhw'n niwsans!"

"Ond maen nhw'n dweud bod newyddion pwysig
ganddyn nhw," meddai Syr John Wyn.
"Oes, Syr John," meddai Liam. "Mae gennym ni
newyddion pwysig iawn. Rydyn ni wedi gweld
delw Cyrnol Jac Wyn. Mae'r ddelw yn y coed
wrth y plas."

Y ddelw yn y coed

"Beth?" meddai Syr John Wyn. "Mae hyn
yn newyddion pwysig iawn! Ble mae'r ddelw?
Dangoswch y ddelw i mi!"

Aeth Liam, Mali, Alan a Lois
gyda Syr John Wyn i weld y ddelw yn y coed.

"Wel, wir!" meddai Syr John Wyn. "Dyma'r ddelw!
Delw fy hen, hen, hen, hen, hen, hen daid.
Mae'n ddelw hardd iawn."

Cael te

Daeth dynion i nôl y ddelw. Roedd Syr John eisiau rhoi'r ddelw mewn stafell hardd yn y plas. Roedd o'n hapus iawn.

"Rhaid i chi aros i gael te," meddai Syr John.

Aeth â nhw i stafell fawr hardd lle roedd tân mawr coch. Daeth y dyn tal, tenau â bwyd iddyn nhw. Doedd o ddim yn edrych yn hapus iawn.

Dweud yr hanes

Roedd pawb yn cael te yn y stafell hardd,
ac yn siarad â Syr John.
Meddai Syr John, "Ga' i ofyn pam oeddech chi
yn y coed wrth y plas?"

Aeth pawb yn dawel. Ond doedd Syr John
ddim yn edrych yn gas. Yna soniodd Mali
am y gwaith ysgol a'r stori ysbryd.
"Rhaid i ni sgrifennu stori am ysbryd. Roedden ni
eisiau eich holi chi am ysbryd Plas Parc."

Chwerthin wnaeth Syr John. "Bydd yn bleser gen i'ch
helpu chi," meddai. "Rydych chi wedi fy helpu i."
Dywedodd Syr John yr hanes am ei hen, hen, hen,
hen, hen, hen daid, Cyrnol Jac Wyn. Roedd o
wedi ymladd dros y brenin. Collodd ei fraich
mewn brwydr. Cafodd ei ladd yn y coed wrth y plas.

19

"AAAAAAA!"
Roedd hi'n dywyll ar ôl te. Aeth Liam, Mali, Alan a Lois
yn ôl trwy'r coed. Roedden nhw'n hapus iawn. Roedden
nhw'n edrych mlaen at sgrifennu hanes ysbryd Plas Parc
i Mr Huws.

"Wrth gwrs, dydw i ddim yn credu mewn ysbrydion
go iawn," meddai Liam.
"Na fi," meddai Mali, Alan a Lois.

Yn sydyn, clywodd Liam sŵn yn y coed. Trodd Liam.
"AAAAA!" sgrechiodd Liam. "Edrychwch! Yn y coed!"
Gwelodd Mali, Alan a Lois rywbeth gwyn!
Rhywbeth gwyn yn symud yn y coed!
"AAAAA!" sgrechiodd Mali, Alan a Lois.
 A rhedodd pawb i ffwrdd nerth eu traed!